ÉLOGE

DE

JÉRÉMIE-JACQUES OBERLIN,

MEMBRE CORRESPONDANT DE L'INSTITUT, PROFESSEUR A L'ACADÉMIE PROTESTANTE DE STRASBOURG, etc.;

PRONONCÉ

LE 17 MARS 1807,

A la Séance publique de la Société libre des Sciences, agriculture et arts, du département du Bas-Rhin;

PAR D. E. STOEBER,

NOTAIRE, MEMBRE RÉSIDANT DE LA SOCIÉTÉ, MEMBRE AFFILIÉ DE L'ACADÉMIE DE LÉGISLATION DE PARIS.

STRASBOURG,

De l'imprimerie de F. G. LEVRAULT, rue des Juifs.

1807.

*Quelques amis de feu M. Oberlin ayant désiré
que ce discours fût imprimé, j'ai cru devoir leur
abandonner mon manuscrit. Puisse le Public partager leur indulgence !*

ÉLOGE HISTORIQUE

DE

JÉRÉMIE-JACQUES OBERLIN.

Messsieurs,

Il appartient sans doute aux sociétés littéraires d'honorer la mémoire des hommes qui ont partagé d'une manière éminente le culte des lettres; cet hommage, rendu au mérite consommé, encourage le mérite naissant. Et quel est d'ailleurs le cœur bien né qui n'éprouve le doux besoin de payer ce tribut de reconnaissance à l'homme qui a bien mérité de ses semblables? Mais que cet hommage acquiert de charmes lorsque les liens les plus étroits nous attachent à celui auquel nous l'adressons! Si la mémoire des sages de tous les temps et de tous les pays doit nous être précieuse, ne devons-nous pas honorer d'une prédilection particulière le savant compatriote, le concitoyen chéri, qui nous rendit témoins de ses succès et nous fit jouir tant de fois de leurs résultats bienfaisans? Alors, Messieurs, l'admiration et l'amour se confondent: la reconnaissance ne calcule plus ses moyens; elle s'abandonne à l'impulsion qui l'entraîne.... Pardon, Messieurs, si ce sentiment irrésistible m'enhardit aujourd'hui à vous adresser la parole ; je vais vous parler d'*Oberlin*; que ce soit là mon excuse. Puissé-je être assez heureux pour fixer, pendant quelques instans, votre attention et votre bienveillance !

Oberlin fut *savant distingué, citoyen estimable, homme vertueux*: qu'il me soit permis de donner quelques développemens à cette proposition, moins pour en faire sentir toute la vérité, que pour réveiller des souvenirs qui nous sont précieux.

Que la sollicitude d'un père devient vive lorsqu'il voit son fils s'approcher de l'âge intéressant de l'adolescence ! Il l'observe d'un œil inquiet, il scrute les facultés de son esprit, il interroge les qualités de son cœur, il ne se rassure que lorsque d'heureux présages lui font espérer que l'objet de ses affections sera toujours digne de ses soins. Les parens d'Oberlin ont eu de bonne heure cette douce satisfaction. A peine sorti de l'enfance, Oberlin fit jaillir les premières étincelles de ce génie qui devait embrasser avec tant d'ardeur les différentes branches des connaissances humaines. Des lettres latines, écrites à l'âge de quinze ans, annoncèrent son goût pour les sciences; des talens bien prononcés, le désir avide de s'instruire, un zèle infatigable, une assiduité opiniâtre : tels furent les garans de ses succès. Jaloux de justifier devant sa conscience, toujours scrupuleuse, le titre d'homme de lettres, il crut ne pouvoir faire trop d'efforts pour mériter l'honneur d'appartenir aux sciences. Il reconnut bientôt que l'alliance la plus étroite règne entre elles, et qu'elles se portent des secours réciproques. Pénétré de cette vérité, qui sera à jamais le fléau de l'orgueil et du pédantisme, il parcourut successivement le vaste domaine des sciences.

Il n'arrive que trop fréquemment que des esprits ardens, frappés des charmes particuliers à chacune des contrées du monde scientifique, voltigent d'une région à l'autre; toujours indécis, toujours sans but, ils ne savent où s'arrêter, et s'aperçoivent quelquefois trop tard que les forces s'épuisent dès qu'elles manquent de direction, dès qu'elles cessent d'être concentrées : ces hommes ressemblent à ces voyageurs inquiets qui ont vu tous les pays sans en connaître un seul.

Oberlin sentit la vérité de cet ancien adage, *ars longa, vita brevis ;* il fut pénétré de la nécessité de faire un choix, et il en fit un qui fut digne de le fixer. Au milieu du dernier siècle, le génie de Winkelmann sembla évoquer les ombres des artistes d'Athènes et de Rome : cet auteur célèbre fit sentir toute la beauté de ces monumens antiques, si souvent imités, sans avoir jamais cessé d'être dignes de servir de modèles. L'histoire et les arts profitèrent à l'envi de secours trop long-temps négligés, et la *science des antiquités* fut cultivée avec plus de zèle et surtout avec plus de goût. A cette époque, Strasbourg se glorifiait de compter au nombre de ses citoyens ce savant écrivain auquel l'Alsace doit un de ses beaux monumens littéraires, monument qui assigna à son auteur un rang distingué parmi les historiens célèbres. L'immortel Schœpflin enseignait dans nos murs l'histoire ancienne et moderne à un auditoire nombreux, composé de personnes de tous les âges, de tous les rangs et souvent des pays les plus éloignés. On admirait dans ses cours une érudition vaste et profonde, une diction pure et éloquente. Une collection riche de monumens antiques fournissait à ses auditeurs une nouvelle source de jouissances et d'instruction. Ce fut cette collection surtout qui fixa l'attention d'Oberlin, et lui inspira ce penchant pour l'étude des antiquités qui l'anima jusqu'au terme de sa glorieuse carrière. Il publia la description du cabinet auquel il devait une partie si essentielle de ses lumières, et le *Museum Schœpflini* * lui valut les éloges des connaisseurs. Son *Orbis antiquus* ** est entre les mains de tous les antiquaires : l'usage continuel qu'en font dans leurs leçons les professeurs des universités les plus renommées, est sans doute un gage non équivoque de son mérite. Ce n'est cependant pas aux antiquités qu'Oberlin borna ses efforts : en agrandissant cet héritage que Schœpflin

---

* Il n'y a que le premier volume de cet ouvrage qui ait paru : il renferme la description des monumens de pierre et de marbre, et des vases. M. Oberlin s'était proposé de parler, dans un second volume, des lares, des médailles et des pierres gravées de ce cabinet, augmenté en 1783 par une collection intéressante, laissée par feu M. *Silbermann*, célèbre facteur d'orgues et antiquaire distingué.

** Ce manuel est très-utile à ceux qui étudient la géographie ancienne ; il l'est de même aux antiquaires en général. Oberlin, en traitant des différens pays, a cité exactement les monumens, les ruines, les inscriptions, et les principaux musées qui s'y trouvent.

semble lui avoir légué, il sut y joindre la *philologie*, la *diplomatique*, la *littérature*.

Qu'il est intéressant, Messieurs, de pénétrer dans le sanctuaire des langues; d'y voir, pour ainsi dire, l'ame vivifier la matière, chercher des signes pour communiquer ses idées, et le cœur, qui a besoin d'épanchement, trouver des expressions qui font partager ses peines et ses plaisirs! Pour faire sentir toute l'importance de l'étude des langues, il suffit sans doute de rappeler que leur diversité, leurs rapports avec les peuples, les réflexions qu'elles font naître sous des points de vue philosophiques et politiques, ont occupé les Leibnitz, les Condillac, les Montesquieu. Oberlin, toujours animé de ce courage invincible, aussi nécessaire pour les conquêtes des littérateurs que pour celles des héros, ne fut jamais repoussé par les obstacles ; les langues anciennes et modernes lui apportèrent successivement leur tribut. La langue même de ce peuple dont la régénération sera un des bienfaits de notre auguste monarque, la langue de l'antique Palestine, fut cultivée par lui avec succès. La description critique qu'il publia de quatre manuscrits hébreux, déposés à notre bibliothèque, manuscrits qu'il compara pour le recueil de variantes du savant *Kennikott*, ne laisse aucun doute à cet égard. Ses veilles furent cependant consacrées de préférence aux auteurs classiques de Rome et, par un contraste assez frappant, au langage barbare du moyen âge. Oberlin, dont le calme et le discernement judicieux rejetèrent toujours les illusions de l'ambition, Oberlin ne convoita jamais la gloire équivoque d'inventer de ces hypothèses bizarres, de ces systèmes imposans, qui, après avoir passé au creuset de l'expérience, ne sont reconnus que pour de brillantes erreurs; c'est à l'utile seul qu'il consacra ses travaux. Qu'elle est belle, qu'elle est louable, la difficile entreprise de nous transmettre, dans leur pureté primitive, ces ouvrages que le temps a respectés, pour propager à travers la nuit des siècles les principes immuables du goût; ces écrits qui recevront, d'âge en âge, l'admiration de tous les hommes instruits et éclairés! Certes, Messieurs, la tâche du commentateur, de l'éditeur d'anciens auteurs classiques, est aussi honorable que pénible. Confronter des manuscrits souvent tronqués, souvent défigurés, tantôt par la présomption, tantôt par l'ignorance, quelquefois même par la superstition; consulter, sur les passages en controverse, le style propre à l'auteur; interroger les usages des temps, les coutumes des pays; recourir à des citations dispersées dans d'autres auteurs; réprimer à la fois l'audace toujours fertile en expédiens, et la timidité qui craint de déplacer une virgule : voilà sans doute, Messieurs, des difficultés qui doivent souvent embarrasser les pas de la critique; voilà des obstacles qui ménageaient autant de triomphes au talent d'Oberlin. Les éditions de l'illustre concitoyen que nos regrets réclament en vain, se distinguent autant par leur mérite que par le choix des ouvrages. *Ovide*, dont les pages plaintives feront toujours les délices des ames sensibles; *Horace*[*],

---

[*] Cette édition peut être citée comme un chef-d'œuvre typographique. Elle se distingue par la beauté du papier, la propreté de l'impression, l'agréable dessin des caractères, la juste proportion du format. A la fin de cet ouvrage Oberlin indique les variantes d'après les quatre manuscrits d'Horace qui se trouvent à notre bibliothèque.

dont les chants seront toujours aussi agréables aux muses qu'à la véritable philosophie ; *Tacite* ★, dont le pinceau est toujours énergique, soit qu'il retrace les horreurs de la tyrannie, soit qu'il peigne les vertus d'Agricola ; *César*, aussi habile à remporter des victoires qu'à en faire le récit : tels sont les grands hommes dont les écrits occupèrent successivement ses veilles.

Les recherches critiques que nécessitaient les travaux d'Oberlin, devaient le ramener souvent au milieu de ces siècles ténébreux, où les sciences, victimes de l'anarchie féodale, ne trouvaient un asile précaire que dans le silence des couvens. Oberlin, dans le cours de ses travaux, avait vu la

---

★ Oberlin a profité, pour l'édition de cet auteur, du *Codex Budensis*, dont Beatus Rhenanus a déjà tiré parti, et qu'Oberlin a eu le bonheur de retrouver.

langue latine dans toute sa splendeur;
il lui avait voué des sentimens trop
vifs pour pouvoir l'abandonner dans
ces temps désastreux où la langue la
plus majestueuse fut avilie jusqu'à
n'être plus qu'un jargon bizarre et ri-
dicule. Il rend compte lui-même de
ces calamités, dans une dissertation
intitulée : *De linguæ latinæ medii ævi
mira barbarie.* De ce chaos devait
sortir enfin une nouvelle création. Les
langues du moyen âge devinrent le
berceau de la langue des Racine, des
Rousseau, des Voltaire, des Delille,
comme de celle des Klopstock, des
Wieland, des Schiller, des Gœthe.
Oberlin se plut à remonter à la source
d'un fleuve dont le cours est aussi imposant. Il compara des ouvrages du 1 3.ᵉ
et du 1 4.ᵉ siècle à des idiomes encore
existans, et fut frappé du résultat qui
lui fit entrevoir que la langue du peu-

ple n'a subi que peu de variations, tandis que celle des livres, reçue parmi les personnes cultivées, est parvenue à un degré de perfection qui ne laisse guère à désirer. Son *Essai sur le patois lorrain des environs du comté du Ban de la Roche*, et ses *Observations sur la langue des troubadours*, répandues dans plusieurs de ses ouvrages, renferment des remarques précieuses à cet égard. Un livre classique sur l'idiome encore en usage dans la plus grande partie de la Souabe, de la Suisse et de l'Alsace, est le *Scherzii Glossarium medii œvi* *; cet ouvrage

---

* Le Glossaire de Schertz est un ouvrage indispensable à ceux qui étudient la langue allemande du moyen âge : c'est un livre classique pour cette partie ; il peut être regardé comme le complément des travaux de Schilter, Wachter, Ihne, Adelung et autres. Oberlin, en publiant le manuscrit de Schertz, presque indéchiffrable, a donné des preuves d'une patience rare, et de beaucoup d'érudition et de discernement. Un ouvrage écrit dans le dialecte qu'explique le Glossaire de Schertz, a fixé récemment

a été publié par Oberlin, qui l'a enrichi de notes savantes et intéressantes.

L'art de déchiffrer l'écriture des siècles qui précédèrent l'invention de l'imprimerie, devint indispensable à Oberlin : il fit une étude particulière de la *diplomatique*, ainsi que de la *science du blason*, non moins nécessaire aux savans qui s'occupent de sciences historiques. Ses *Artis diplomaticæ primæ lineæ* se distinguent par l'exposition claire et méthodique qui fait le caractère des ouvrages élémentaires qui sont sortis de sa plume.

Vous jugez sans doute, Messieurs, que la réputation bien établie de *phi-*

---

l'attention des amis de la littérature allemande; c'est un recueil charmant de poésies champêtres de M. *Hebel*, professeur à Carlsrouhe, intitulé : *Allemanische Gedichte für Freunde ländlicher Natur und Sitten*, etc. (Poésies allemaniques pour les amis de la nature et des mœurs champêtres, etc.) La troisième édition de ce recueil va être épuisée.

lologue et d'*antiquaire* doit suffire pour environner le savant qui en jouit de la considération de tous les amis des lettres. Oberlin sut encore ajouter à ce double mérite celui d'être *littérateur* dans le sens le plus étendu de ce titre. Des opuscules, tels que les savantes dissertations sur l'*Alsace littéraire* qui ont paru sous ses auspices*, ses *Traités sur la navigation intérieure***,

---

* L'une de ces dissertations est de M. Frantz, membre du corps législatif, professeur à l'École de droit de Strasbourg; l'autre de M. Frantz, pasteur de la confession d'Augsbourg, frère du précédent.

** Il en fit le sujet de plusieurs dissertations soutenues sous sa présidence. Le canal du midi excita surtout son admiration : il alla le voir en 1776. M. De la Lande, dans son ouvrage sur les canaux de navigation, qui traite spécialement du canal de Languedoc (Paris, 1777, gr. in-fol.), rend justice à la sagacité, à l'érudition et au zèle de notre savant compatriote. Oberlin avait été engagé à faire des recherches sur ce sujet par la question suivante, que l'Académie des inscriptions avait proposée, d'abord pour 1769, et qui ensuite fut remise à l'année 1771 : « Quels « ont été, depuis les temps les plus anciens, jusson *Essai d'Annales de la vie de Jean Guttenberg*, ses *Almanachs d'Alsace*[*], ses articles insérés dans le *Magasin encyclopédique* de son savant ami *Millin*, ainsi que dans d'autres journaux, prouvent que tout ce qui intéresse les lettres et l'utilité publique avait des droits à l'attention d'Oberlin.

En jetant un coup d'œil sur ce grand nombre d'ouvrages divers, qui ne serait tenté de croire que leur auteur, aussi favorisé par la fortune que par les muses, a pu consacrer tous ses momens à la tâche honorable d'éclairer par ses écrits le public studieux ?

« qu'au 4.ᵉ siècle de l'ère chrétienne, les tenta-
« tives des différens peuples pour ouvrir des
« canaux de communication, soit entre diverses
« rivières, soit entre deux mers différentes, soit
« entre des rivières et des mers ; et quel en a été
« le succès ? »

[*] M. Oberlin fut le premier qui eut l'idée de publier des almanachs statistiques d'Alsace : il eut pour successeurs MM. *Bottin* et *Fargès-Méricourt*.

Ce n'est cependant pas à ce moyen d'utiliser ses connaissances qu'Oberlin borna son zèle. Pendant *vingt-trois ans* il fut *régent au Gymnase* de cette ville. Et qui d'entre nous, Messieurs, pourrait se refuser à admirer le courage d'un homme qui, condamné pour ainsi dire à la poussière de l'école, conserva néanmoins ce bel enthousiasme pour les sciences, cette énergie nécessaire pour se dévouer en même temps aux travaux littéraires les plus importans? *Professeur* à l'ancienne université et à l'Académie protestante qui l'a remplacée, il sut réunir l'estime de ses collègues et la vénération de ses disciples. Il s'acquitta en même temps de la manière la plus honorable des devoirs que lui imposait sa charge de *Directeur* du même *Gymnase*, auquel il avait voué tant de soins comme instituteur. Vous l'avez vu, Messieurs, au sein des *bibliothèques** dont la formation ou le dépôt lui étaient confiés, heureux comme au milieu d'un cercle d'amis, répondre à la demande des personnes vraiment animées du désir de s'instruire, rendre compte de l'in-folio le plus volumineux comme de l'in-douze le plus modeste. Si le mérite d'Oberlin avait besoin d'autres titres encore, l'estime des savans les plus distingués en fournirait un aussi honorable qu'important. Des littérateurs de Madrid et de Pétersbourg, de Stockholm et de Naples, de Vienne et de Londres, eurent recours à ses lumières ; sa correspondance, composée d'au-delà de douze mille lettres, en offre

---

* C'est en 1763 que l'université de Strasbourg lui confia la garde de sa bibliothèque. Il eut bientôt la satisfaction d'avoir pour collègue son savant et respectable ami, M. *Koch*, aujourd'hui membre du Tribunat et de l'Institut national, qui fut spécialement chargé de veiller à la conservation de la bibliothèque que Schœpflin avait léguée à la ville.

des preuves nombreuses. Des savans dont la mémoire sera toujours chère à la France ; des hommes, tels que Dupaty, Barthélemi, d'Anville, S. Croix, d'Anse de Villoison, Silvestre de Sacy, appréciaient les talens d'Oberlin et lui accordaient leur amitié.* L'ancienne académie royale des inscriptions et belles-lettres ; la société des antiquaires de Londres ; les sociétés savantes de Rouen, de Palerme, de Cortone, de Nancy, de Hesse-Cassel ; l'institut national enfin, le portèrent successivement sur le tableau de leurs membres correspondans. Qui mieux que vous, Messieurs, jugera combien Oberlin

---

* Oberlin fit la connaissance de la plupart de ces savans lors de son voyage à Paris et dans le midi de la France, qu'il entreprit en 1776. Pendant ce voyage, il fixa principalement son attention sur les antiquités du midi, sur le beau canal du Languedoc, qui lui inspira l'admiration la plus vive, et sur l'idiome de la haute Bourgogne et le Provençal.

fut digne de siéger au sein des sociétés littéraires? Qui, mieux que vous, sait apprécier l'avantage qui devait en résulter pour ces sociétés mêmes? Oberlin ne s'environnait jamais de vaines apparences. Qu'il fut loin d'appartenir à cette classe d'hommes toujours avides de titres, toujours sans moyens pour les mériter!... Vous avez vu, Messieurs, ce vieillard respectable braver au déclin de ses jours les vents et les frimas, arriver au lieu de vos séances, participer à vos travaux avec zèle, les présider avec dignité; vous l'avez vu vous communiquer les trésors de sa vaste érudition *, partager la tâche de vos commissions, toujours

---

* Je me bornerai à citer ses lectures sur les poëtes que l'Alsace a produits. Ce sujet a été traité de même avec beaucoup de succès par notre estimable compatriote M. *Arnold*, professeur de l'école de droit à Coblence, dans son *Essai sur les poëtes alsaciens*.

prêt à remplir les engagemens contractés, toujours empressé à offrir de nouveaux services.

Oberlin ne repoussait point par des mœurs dépravées ou des passions haineuses l'admiration que ses connaissances faisaient naître. Heureux ses amis ! aucun sentiment affligeant ne vient troubler leur juste vénération ; celui qui fut la gloire des lettres fut de même *citoyen estimable, homme vertueux,*

Ne craignez point, Messieurs, que j'aille abuser de vos momens, en vous retraçant successivement le tableau des qualités morales d'Oberlin. Il fut votre ami : de quelles expressions me servirais-je ? Le langage de l'amitié même peut-il jamais égaler la force de ses sentimens ! Il suffit sans doute de dire à ceux qui l'ont moins connu : Oberlin soutint l'épreuve terrible de la révolution. La loi du plus sage des législateurs de la Grèce paraît l'avoir guidé dans les circonstances les plus épineuses: il dédaignait une lâche neutralité; les intérêts de notre patrie furent toujours les siens. Nous l'avons vu présider nos assemblées publiques et remplir successivement les fonctions administratives les plus importantes. Mais, qu'il est doux de le dire, sa conduite fut toujours sans tache, son influence et son crédit tournaient tout entiers au profit de l'ordre et de l'utilité publique*; son zèle eut pour compagnes la sagesse et la modération. Tant de vertus ne pouvaient que réveiller la

---

* L'instruction publique fixait surtout son attention. L'intérêt qu'elle lui inspirait l'engagea à se mettre en correspondance avec les personnes les plus marquantes de nos premières assemblées législatives. Je me bornerai à citer MM. Rabaud de S. Étienne, Siéyes et Grégoire. Oberlin fut lié d'amitié avec ce dernier.

haine des méchans dans ces jours désastreux où le mérite fut un crime. Oberlin, presque sexagénaire, gémissait dans les prisons de Metz : à la même époque, son fils, qui avait suivi nos phalanges, fait prisonnier de guerre, était plongé dans les cachots de la Hongrie. L'adversité, qui prépare toujours de nouveaux triomphes au sage, fit ressortir davantage les qualités éminentes d'Oberlin. Son courage se montra digne des philosophes de l'antiquité, dont il connut si bien les maximes. Son caractère ne fut point altéré par le malheur. Simple dans ses manières, actif, laborieux, conciliant, bienfaisant, pieux sans affectation et sans fanatisme, on le vit toujours s'intéresser avec la tendresse d'un père au sort de ses élèves, être le soutien de sa famille, s'arrêter avec bonté dans la demeure de l'artisan, qui eut souvent recours à ses conseils, et faire les délices de la conversation du riche et de l'homme en place qui savaient l'apprécier. Ah, Messieurs, pourquoi faut-il que le témoignage éclatant qu'une ville entière rendit au mérite d'Oberlin, rappelle en même temps ces momens douloureux où la tombe allait recevoir ses restes. Mais qu'il fut imposant, qu'il fut éloquent, ce cortége presque innombrable, composé d'hommes de tous les âges et de toutes les classes qui suivaient le cercueil d'un sage ! Ce ne fut point là l'étalage trompeur de l'adulation ou de la vanité; le deuil était dans les cœurs, et la mort d'Oberlin fut regardée à juste titre comme une calamité publique. Une société, composée pour la plupart de ses anciens élèves, vient de lui voter un monument qui représentera la muse de l'histoire, tenant

d'une main le buste d'Oberlin, et tra-
çant de l'autre son nom dans ses annales. L'intérêt avec lequel vous avez
accueilli ce projet, est sans doute,
Messieurs, un gage de plus de l'estime
que vous portez à celui qu'il concerne.

Oui, homme rare, dont la mo-
destie a pu seule égaler le mérite, tu
vivras dans l'histoire des lettres, et la
reconnaissance conservera ton nom.
Nos neveux conduiront leurs fils à ta
tombe, et leur diront : Imitez Oberlin, et votre mémoire sera chère aux
amis de la vertu et de la science.

NOTES.

M. Oberlin, né à Strasbourg le 8 Août 1735, y décéda le 16 Octobre 1806; il fut enlevé à la société et aux lettres par un coup d'apoplexie. On trouve des notices sur les écrits, le caractère moral et la vie de M. Oberlin, dans les ouvrages suivans :

Discours prononcé devant le cercueil de feu M. Oberlin, par M. Fargès-Méricourt. (Il se trouve dans son Annuaire du Bas-Rhin pour l'année 1807, qui se vend chez Levrault, libraire.)

Gedæchtnifsrede auf Herrn Jeremias Jacob Oberlin, Prof. der Academie, etc., von D. Joh. Lor. Blessig.

Biographische Notiz über Jeremias Jacob Oberlin. (Cette notice est de l'auteur de cet éloge.)

Memoriam Jeremiæ Jacobi Oberlini æqualibus posterisque commendat Academia Argentoratensis. Academiæ nomine scripsit collega Johannes Schweighæuser, Instituto imperiali Francico adscriptus.

Ces trois derniers ouvrages se trouvent chez Heitz, imprimeur de l'académie.

Il vient de paraître en outre une notice étendue et très-intéressante ; elle se trouve dans le second tome du Magasin encyclopédique de cette année. Cette notice est de feu M. Winckler, un de mes amis les plus estimables, dont le souvenir ne s'effacera jamais de mon cœur : l'impression en était à peine commencée, lorsque la mort a frappé son auteur. Il est touchant de remarquer qu'une des dernières occupations de notre excellent Winckler fut de faire l'éloge de son maître, et lui payer le tribut de sa reconnaissance.

Ouvrages composés par M. Oberlin, ou dont il a soigné les éditions.

Dissertatio philologica de ἐνταφιασμῷ, sive veterum ritu condiendi mortuos. Arg. 1757.

Miscella litteraria Argentoratensia. Arg. 1770. 4.°

Museum Schœpflini T. 1. Ibid. 1775. 4.°

Diss. prisca jungendorum marium fluviorumque molimina. Ibid. 1770. 4.°

Diss. de linguæ latinæ medii ævi mira barbarie. Ibid. 1773. 4.°

Diss. medii ævi jungendorum marium fluviorumque molimina. Ibid. 1773. 4.°

Orbis antiqui monumentis suis illustrati prodromus. 1772. 4.°

Rituum romanorum tabulæ. Ibid. 8.° edit. 2. 1784.

Essai sur le Patois Lorrain des environs du comté du Ban de la Roche, fief royal d'Alsace. Strasb. 1775. 8.°

Diss. jungendorum marium fluviorumque omnis ævi molimina. Arg. 1775. 4.°

Orbis antiqui monumentis suis illustrati primæ lineæ. Ibid. 8.° edit. 2. 1790.

Ovidii Nasonis Tristium libri V; ex Ponto libri IV, et Ibis. 8.° 2. edit. 1778.

Vibius Sequester, de fluminibus, fontibus, lacubus, nemoribus, paludibus, montibus, gentibus, quorum apud poetas mentio fit. Argent. 1778. gr. 8.°

Iddmann, Recherches sur l'ancien peuple Finois. Strasbourg, 1778. 8.°

Lettre à M. le comte de Skawronsky, sur un bijou dont ce seigneur a fait l'acquisition à Rome. Strasb. 1779.

Joh. Georg. Scherzii Glossarium Germanicum medii ævi, potissimum dialecti Suevicæ. T. 1. Arg. 1781. T. 2. Ibid. 1784. fol.

Almanach de Strasbourg. 1780, 1781.

Almanach d'Alsace.. 1782-1790, inclusivement.

Almanach du département du Bas-Rhin. 1792.

Diss. Alsatia litterata sub Celtis, Romanis, Francis. Argent. 1782. 4.°

Diss. Diatribe de Conrado Herbipolita, vulgo Meister Kuonze von Würzburg, Sæculi XIII Phonasco Germanico. Arg. 1782. 4.°

Diss. Boneri Gemma sive Boners Edelstein, fabulas C. e Phonascorum ævo complexa, ex inclyta bibliotheca ordinis S. Hierosol. Argentoratensis. Supplementum ad J. G. Scherzii philosophiæ moralis German. medii ævi specimina undecim. Ibid. 1782. 4.°

Bihtebouch, dabei die Bezeichnunge der heiligen Messe. Beichtbuch aus dem XIV Iahrhundert. Mit Glossen. Strasburg 1784. 8.°

Diss. de Johannis Tauleri, Ord. Præd. dictione vernacula et mystica. Arg. 1786. 4.°

Diss. Alsatia litterata sub Germanis sæculo IX et X. Arg. 1786. 4.°

Diss. de Johannis Geileri, Cæsaremontani, vulgo dicti von Keyserberg, scriptis Germanicis. Arg. 1786. 4.°

Diss. logica, de vitio subreptionis in omni humana vita obvio. Ibid. 1786. 4.°

Diss. L. Apulejus Ægyptiis ter mysteriis initiatus. Arg. 1786. 4.°

Diss. De poëtis Alsatiæ eroticis medii ævi, vulgo von den Elsassischen Minnesingern. Ibid. 1786. 4.°

Horatii Carmina. Arg. 1788. 4.° maj. typis et sumtu Rolandi et Jacobi.

Artis diplomaticæ primæ lineæ; in usum auditorum. Argent. 1788. 8.°

Diss. de Jac. Twingero Regiovillano, vulgo Jac. de Kœnigshoven. Arg. 1789. 4.°

Litterarum omnis ævi fata. Arg. 1789. 8.° maj.

Mémoire sur la motion de M. Mathieu, Procureur-Syndic du district, concernant les Protestans d'Alsace, pour servir de suite au discours de M. Koch sur ladite motion. Strasb. 1790. 8.°

Observations concernant le Patois et les mœurs des gens de la campagne. Strasb. 1791. 8.°

Découverte de M. de Fredenheim, surintendant des bâtimens et du musée de Stockholm, faite au Forum Romanum, en Janvier 1789.

C. Cornelii Taciti opera, ex recensione Jo. Aug.

Ernesti, denuo curavit Jer. Jac. Oberlin. T. 1 et
2. Lips. 1801.

Essai d'Annales de la vie de Jean Guttenberg, inventeur de la Typographie. Strasbourg, chez Levrault, 1801. gr. 8.º

Discours prononcé à l'ouverture de l'Académie des Protestans de la Confession d'Augsbourg, le 15 Brumaire XII, par Jérémie-Jacques Oberlin. Strasbourg, chez Jean-Henri Heitz, 1804.

C. JULII CÆSARIS Commentarii de bello Gallico et civili: accedunt libri de bello Alexandrino, Africano et Hispaniensi, cum recensione FRANCISCI OUDENDORPII. Post Cellarium et Morum denuo curavit Jer. Jac. Oberlinus. 1805.

M. Oberlin, en sa qualité de Directeur du Gymnase, publia en outre deux programmes par an pour la distribution des prix de chaque semestre. Le recueil de ces pièces offre des détails curieux sur l'histoire littéraire, et des idées lumineuses sur l'éducation publique. Il est à espérer qu'on n'abandonnera pas un moyen qu'Oberlin employa avec tant de succès pour servir les lettres et l'instruction. Parmi les manuscrits d'Oberlin on distingue un commentaire sur l'historien *Justin;* Oberlin a pris pour base de ce travail l'édition de Fischer. Il a laissé en outre des matériaux sur *Geyler* de *Kaisersberg,* éloquent prédicateur à notre cathédrale au commencement

du 16.ᵉ siècle, et sur *Jacques Sturm de Sturm-
eck* du même siècle, qui s'est illustré parmi
nous par ses soins pour l'organisation de l'instruction publique, et par ses missions diplo-
matiques. L'on trouve aussi parmi les papiers
d'Oberlin des notices sur l'histoire d'*Attila*,
roi des Huns.